Malgré tout… Maman

*

Julie Quint Theuriet

Mémoires

*

Je suis une adolescente âgée de 14 ans. J'ai de bons résultats scolaires. J'aime sortir, faire du shopping et je passe beaucoup de temps avec ma maman. Nous sommes très proches. En plus d'être ma mère, elle est ma confidente. Je suis plutôt gentille et agréable, j'ai des amis, un petit ami et une famille qui m'aime. Finalement, je suis une fille tout à fait banale…

Tout a commencé un matin de Septembre 2007…

Pas si banale

Ce matin-là, je me réveille plus fatiguée que d'ordinaire. J'ai des maux de ventre et ma poitrine est enflée. Cela m'inquiète un peu mais je me lève malgré tout, essayant de ne pas y prêter attention.

Quelques jours plus tard, les douleurs n'ont pas cessées. Je ne comprends ce qu'il m'arrive qu'à ma première perte de sang. Je suis indisposée pour la première fois.

C'est à ce moment que le cauchemar débute…

Depuis ce matin-là, chaque mois je redoute cette mauvaise semaine car je souffre terriblement de maux de ventre. J'ai la nausée et j'ai de la fièvre. Je suis parfois même contrainte de manquer les cours.

Quelques mois plus tard, en plus de cette vilaine semaine, d'autres soucis s'y ajoutent. Je commence par faire une infection urinaire tous les mois, puis tous les quinze jours et je finis par en faire quasiment chaque semaine. Mon état désastreux m'inquiète de plus en plus mais j'ai tellement honte d'en parler que je n'ose rien dire.
Le temps passe et mon état ne s'arrange pas…
Un beau jour, me voilà encore une fois très mal. N'en

*

Les années passent…

Jour après jour j'apprends à vivre avec ces maux mais les choses se compliquent pour moi lorsque je comprends que pour mon petit ami, mes soucis quotidiens le pèsent.
Il travaille loin et je ne le vois qu'un week-end sur deux. Lorsque nous nous retrouvons, nous passons tout notre temps collé l'un à l'autre mais bien évidemment, faisant sans arrêt des infections urinaires, j'évite certains « moments ». Parfois même je me retrouve à devoir mentir pour éviter toute relation sexuelle.
Les premières fois marchent mais ensuite je vois bien qu'il se pose des questions.
Je fini alors par lui parler de certains de mes soucis.
Comme tout homme galant il me dit que ce n'est pas grave et qu'il ne souhaite pas « m'abimer » davantage.
Je suis vraiment contente de voir qu'il comprend mais malheureusement, cela n'aura duré qu'un temps.
Ses besoins se faisant ressentir, je décide donc de souffrir en silence.
J'attends nos week-ends à deux avec impatience mais en même temps avec cette petite « boule » au ventre.

Au fur et à mesure du temps, notre relation se dégrade pour différentes raisons mais surtout à cause de mon état de santé.

*

Un soir, nous préparons une soirée entre amis.

Nous ne sommes plus aussi amoureux, plus aussi câlins et je me rends finalement compte que nous ne sommes en couple que par simple habitude.
J'ai mal au cœur en faisant ce constat mais je me dis que cette petite soirée entre amis me fera du bien et que la nuit me portera conseil.
Nous entamons cette soirée chacun de notre côté, les filles ensembles et les hommes ensembles.
Comme dans toute soirée entre jeunes, nous consommons de l'alcool, nous nous installons au grenier, et jouons à un jeu.
Là, nous commençons à parler de sujets qui sont pour moi « tabous ». Je commence à stresser.
Mes soucis sont au cœur de la conversation. Je lis la déception sur le visage de mon petit ami, sans vraiment le dire, sans même vraiment évoquer ce qui m'empêche parfois d'avoir des relations sexuelles.
Ayant un peu trop bu, la soirée dégénère et certains propos me blessent…
Je le comprends alors clairement. Je me rends compte que c'est un gros problème pour lui et je réalise qu'après cette soirée, les choses ne seront plus les mêmes mais en même temps, comment lui reprocher ?

Les semaines passent et je me détache de plus en plus.

Nous ne sommes plus un couple mais deux personnes se disputant comme des enfants. Je mets donc un terme à notre relation.

J'en viens à me demander ce que je dois faire. Dois-je raconter mes soucis dès la première rencontre ou est-il préférable d'attendre ? De voir si la relation fonctionne avant d'en parler ? Je ne sais pas trop…

Je me demande même si j'arriverai un jour à retrouver l'amour. Un homme qui pourra comprendre mes souffrances et subir les inconvénients qui vont avec…

*

Depuis mes premiers symptômes quatre années se sont écoulées.

Et là, je rencontre un homme sur qui j'avais « flashé » alors que je n'avais que 15 ans. Johan.
Un ami d'un ami, un bel homme, gentil, intéressant et intelligent. Avec lui, je savais que tout ce dont je rêvais s'exaucerait.

Au bout de quelques mois, nous emménageons ensemble. Nous nous marions deux ans après puis nous lançons dans la conception d'un bébé.

J'ai toujours ces mêmes soucis mais avec Johan, il n'y a pas de tabous. Il comprend mais au fur et à mesure du temps, il s'inquiète.

Un samedi, je me lève et j'ai vraiment très mal au ventre. Ça tombe mal car nous devons partir en Bretagne pour un anniversaire.

Je me demande bien comment je vais pouvoir supporter les heures de voitures, puis la soirée…

Je prends donc un cachet pour passer mes maux de ventre mais la douleur s'intensifie. Je suis allongée. Je n'arrive pas à rester debout et pour combler le tout, je m'aperçois que la mauvaise semaine est là.

Johan annule donc notre soirée en Bretagne et s'occupe de moi.

Les heures passent et je continue de souffrir. Il décide de me mettre en voiture et de m'emmener aux urgences. Il prévient ma maman qui nous y rejoint aussitôt.

Les 30 minutes de voitures me semblent interminables. J'hurle de douleur, je vomis, je suis très affaiblie.

Nous arrivons enfin aux urgences, je m'installe en salle d'attente et là je suis prise d'un malaise.

Les médecins réagissent vite. On m'installe sur un lit, on me pose des questions et on m'ausculte. Le cœur va bien. Taux de sucre et tension dans les normales…

Une infirmière me fait donc une prise de sang.
En parallèle, Johan et ma maman discutent avec un médecin.
Ce dernier leur dit :

« Nous soupçonnons une grossesse extra utérine, nous attendons les résultats sanguins. »

C'est la douche froide pour eux…
Mais les résultats tombent et comme d'habitude, tout va bien !
C'est vraiment le comble pour moi, je ne comprends pas. Je rentre chez moi en pensant que je suis folle.
Je parle de mes problèmes avec beaucoup moins de honte, mais le mystère perdure… Même mes proches commencent à penser que tout ceci n'est peut-être que dans ma tête. Comment leur donner tort lorsque tout montre que je vais bien ?

Je fini donc par croire aussi que je me créé ces symptômes toute seule…

…jusqu'à ce fameux jour.

*

Le 12 juillet 2014, je subi un choc émotionnel suite à la perte de mon tendre grand-père.

Mon état de santé se détériore en quelques semaines ce qui inquiète fortement mon mari et ma famille.
Je maigri à vue d'œil, je suis fatiguée, j'ai beaucoup d'acné et je n'ai plus de règles.

J'essaie depuis deux ans maintenant d'avoir un enfant.

Inquiète, je regarde mon agenda et là, c'est le choc !
J'ai un retard de règle de cinq semaines et j'ai la nausée. Prise dans ma douleur, je ne m'étais pas rendue compte du temps qui était passé.
Je prends donc rendez-vous avec mon médecin traitant qui me trouve un peu blanche. J'ai également une petite tension. Il me prescrit alors un bilan sanguin afin de voir si je n'ai pas de carences, une éventuelle grossesse ou d'autres soucis qui pourraient expliquer mes symptômes.

*

Les résultats arrivent et tout va bien, juste une petite carence de vitamine D. Rien n'expliquant mon état.
Après en avoir discuté avec mon entourage, tout devient clair. Je fais une dépression suite à ma perte. Les symptômes concordent. Avec le temps ça passera…

Mais rien ne passe…

Peu à peu je commence à avoir de grosses douleurs abdominales. Je constate une perte de poids de 8 kilos.
J'ai des sautes d'humeurs et il m'arrive même de pleurer sans vraiment savoir pourquoi.
Je ne me reconnais plus tant physiquement que mentalement.

Un soir, je regarde mon ventre et je vois qu'il est très enflé. J'ai l'impression de me prendre des coups de poignard en bas du ventre, plutôt à droite.
Plus les jours passent et plus je souffre.
Sur les conseils de ma maman puis de mes belles-mères, je décide d'aller voir une sage-femme afin de procéder à un examen qui pourrait détecter un cancer du col de l'utérus ou une anomalie quelconque.
J'en viens à penser que j'ai quelque chose de grave…

*

Nous arrivons à l'hôpital et attendons bien sagement mon rendez-vous.
Une gentille dame s'approche et nous invite à entrer dans la salle d'examen. Mon mari s'installe sur une chaise et moi sur la table d'auscultation.

La sage-femme s'occupe de moi, je vois qu'elle est très agréable et petit à petit nous en venons à discuter

de mes soucis. Je lui dis que j'essaies de tomber enceinte mais que ça ne fonctionne pas.
Elle me demande donc :

« Depuis quand essayez-vous d'avoir un enfant ? »

Je lui réponds que ça fait deux ans, que nous ne sommes pas pressés mais que plus le temps passe et plus nous commençons à nous poser des questions.

Elle me rassure et me donne des conseils mais quand je lui fais part de mes nombreux soucis gynécologiques, son visage change d'expression.
Elle me pose des questions et me sentant en confiance, je lui raconte tout. Ça me fait du bien, je vois qu'elle réfléchit à mon souci et essaye de m'aider.
Elle me dit :

« Vous savez, avoir mal au ventre tous les jours n'est pas normal, je vais vous prescrire une échographie. »

*

Nous rentrons à la maison. Je suis soulagée d'avoir pu parler librement et sans honte mais je suis tout de même inquiète.

Chaque matin pendant les jours qui suivent, je fonce à

la boite à lettres pour voir si mes résultats d'analyses sont arrivés. Ma patience est mise à rude épreuve.

Les résultats n'arriveront qu'au bout d'une semaine.
Les analyses sont bonnes, il n'y a pas de cancers ou d'anomalies. Je suis rassurée mais en même temps inquiète...
Suis-je malade ?
Suis-je folle ?
Et si tout ceci n'était que dans ma tête ?

*

Trois semaines plus tard, en rangeant mon sac à main, je tombe sur l'ordonnance pour mon échographie.
Je l'avais oubliée celle-là !
Bien que mon état soit toujours le même je n'y prête plus vraiment attention car à vrai dire, j'ai autre chose à penser. Dans quelques semaines je vais être tata pour la seconde fois.
Je décide quand même d'aller passer cette échographie même si pour moi, c'est une perte de temps puisque tout va toujours bien.

*

18 Septembre 2015.

C'est le jour J. J'ai rendez-vous pour faire mon échographie. Je passe la porte, j'avertis la secrétaire de mon arrivée et je m'installe en salle d'attente.

Tout à coup, je me sens très mal. Je suis prise de vertiges, j'ai très chaud et je sens mon cœur s'emballe.

Je panique.

Je ne comprends pas ma réaction. Tout allait bien il y a quelques minutes. Qu'est-ce qu'il m'arrive encore ? J'ai à peine le temps de me reprendre que l'on m'appelle et on m'emmène pour me préparer.

On me demande de retirer mon pantalon et mes chaussures puis de m'installer dans la salle d'examens juste à côté.

Je m'assoie donc sur la table et j'attends bien sagement le radiologue.

Ce dernier arrive. C'est une femme d'une trentaine d'années, aimable mais peu souriante. Elle me parle tout juste, commence l'examen et regarde avec insistance son appareil.

Etrangement, son visage s'adoucit. Elle me sourit et me dit :

« Vous allez vider votre vessie dans les toilettes à côté, nous allons procéder à un autre examen. »

Là, je comprends que quelque chose ne va pas. Ce

soudain changement d'humeur et un examen supplémentaire ne sont pas normaux.
Nous procédons donc au second examen. Toujours une échographie mais cette fois désagréable.
Je ne cesse d'observer cette dame, son visage n'est pas du tout positif.
Après quelques minutes, la radiologue me dit l'examen est terminé et que je peux m'habiller mais moi, j'ai besoin de savoir la raison de ce deuxième examen. Pourquoi ce changement soudain de ton ?
Je lui demande donc :

« Que dit l'examen ? Je ne comprends pas. Il y a quelque chose d'anormal ? »

Je vois que ma question la gêne mais elle me répond :

« Il n'y a rien de normal. »

Là, je me prends une grosse gifle. Qu'est-ce que ça veut dire « rien de normal ? » Je suis perdue, je comprends qu'elle prenne des gants mais j'insiste, je veux savoir.

« - Rien de normal ? Je ne comprends pas. S'il vous plaît. J'ai besoin de savoir ce que vous avez vu. Pouvez-vous m'expliquer ? »

« - Vous avez une malformation assez rare, et vos

ovaires sont collés l'un à l'autre »

Prise de panique je lui dis :

« C'est grave ? Rare ? Vous avez déjà vu ce genre de malformation ? Que dois-je faire ? »

Elle me répond qu'elle n'est pas médecin, qu'elle n'a jamais vu ce genre de malformation. Elle me conseille aussi de faire une IRM pelvienne et surtout de trouver un bon médecin spécialisé dans ce genre de malformations.
Je suis abasourdie… mais une dernière question me vient à l'esprit :

« Mais aurais-je un jour des enfants ? »

Ma question la gêne de nouveau. Elle me regarde tristement et me dit :
« Je ne sais pas… »
Elle quitte la pièce. Je m'assois quelques secondes dans le vestiaire. Je n'arrive pas à réfléchir, j'ai envie de pleurer et d'hurler mais je reste stoïque.
Je me rhabille et j'attends mes résultats en salle d'attente.
Les minutes me semblent être des heures. Je ne sais même pas si cette malformation est grave. Que dois-je faire ? Je suis complètement perdue.

Autour de moi, il y a des personnes, des hommes et des femmes. J'observe ceux qui m'entourent afin de penser à autre chose, je vois ces gens inquiets ou soulagés.

Je m'aperçois finalement que c'est exactement ça. C'est mon état, là tout de suite !

Je suis inquiète car « il n'y a rien de normal » mais en même temps soulagé de savoir que depuis tout ce temps je n'étais pas folle. Il y avait vraiment quelque chose !

Quelque chose qui me pourrissait la vie depuis huit ans…

Je me rassure, en me disant qu'une malformation ne doit pas être si grave.

Je repense également au visage de la radiologue lorsque je lui ai demandé si je pourrais avoir un jour des enfants. Je revois son visage, cette expression, sa pitié et cette phrase : « Je ne sais pas ».

D'un coup, je sens que l'émotion me submerge, les larmes montent…

Je tente de faire bonne figure mais mon visage se ferme telle une porte.

Au même moment je reçois un message de ma maman me demandant comment s'est passé l'échographie.

Je lui réponds :

« Ça ne vas pas, il n'y a rien de normal et je n'aurai peut-être jamais d'enfants. »

Je suis appelée pour récupérer mes résultats. Je vais

enfin pouvoir sortir de cette salle qui m'oppresse.

De retour à ma voiture, je n'ai pas réellement de réaction, mon téléphone ne fait que sonner. Je l'entends et pourtant je ne décroche pas.
Je fini par me « réveiller » et je décroche, c'est ma maman, elle monte en voiture et sera chez moi dans quelques minutes.
Je prends donc la route et rentre à la maison.

*

J'ouvre la porte d'entrée. Je caresse mon chat et aère ma maison, comme d'habitude. Comme si rien ne s'était passé.
Tout à coup j'entends une petite voix aigüe, je vais voir à la fenêtre et je vois mon petit neveu, Tyméo et ma belle-sœur, Angélique.
Je me reprends immédiatement, je ne veux pas que Tyty puisse voir que sa tata Merveille ne va pas bien.
Ils rentrent. Mon neveu m'embrasse et part jouer dans la salle de jeu puis j'offre un café à ma belle-sœur qui ne me pose aucune question.
J'ai bien compris que ma maman, étant inquiète, a appelé Angélique pour que je ne reste pas seule.
Ma mère arrive, et petit à petit nous commençons à parler de tout ça.
Je leur explique que la radiologue m'a conseillé de

faire une IRM pelvienne et de trouver un bon spécialiste pour me suivre mais que finalement je ne sais pas vraiment ce qu'il se passe. Elles me rassurent et me conseillent.

C'est maintenant l'heure de l'annoncer à mon mari qui vient tout juste de rentrer du travail.
Je ne sais pas comment lui dire. Je sais très bien que, comme toujours, il me conseillera et me soutiendra mais si je suis stérile, restera-t-il ?
Je prends mon courage à deux mains et lui annonce.

Il me prend dans ses bras, me rassure et me dit :

« Le plus important c'est ta santé. Pour le reste, nous verrons en temps voulu ».

Je me rends compte que, finalement pour lui, cette histoire de bébé n'est pas un souci. Ce qu'il souhaite c'est que j'aille mieux.

*

Le lendemain, j'appelle l'hôpital pour mon IRM pelvienne. On m'annonce que je dois me rendre sur place pour prendre ce fameux rendez-vous.
Devant m'y rendre quelques jours plus tard pour une échographie pour ma belle-sœur, je profite de l'occasion pour prendre mon rendez-vous.

Au secrétariat, la dame me fait gentiment comprendre que ce genre d'examen n'est pas du tout une partie de plaisir mais je reste avec ma bonne humeur, nous sommes ici pour mon futur filleul et ce n'est pas cet examen à venir qui me retirera le sourire.

*

Le 12 octobre 2015, je rencontre Angélique le matin à l'école de Tyméo. Je remarque que son ventre est bas et elle me confie ne pas être très en forme.
Mon frère travaillant toute la journée, nous avions convenu ensemble que, si lui ne pouvait pas être là pour la naissance d'Ethan, je le remplacerais.
En début d'après-midi Angélique me téléphone, elle sanglote et je comprends très vite qu'elle souffre. Certainement des contractions.
Je fonce donc chez elle. Angel monte en voiture et nous prenons la route, direction la maternité.

*

Plus les minutes passent et plus Angélique souffre.
Au bout d'un moment, je constate avoir une envie pressante. Afin de la détendre je lui confie que j'ai très très envie de faire pipi, nous nous mettons à rire en espérant qu'Ethan ne viendra pas au monde dans ma petite voiture mais aussi que je ne me fasse pas pipi dessus.

*

Nous sommes enfin arrivées sur le parking et surprise, mon frère est là. Angel est rassurée. Elle est prise en charge rapidement. La sage-femme nous annonce alors que c'est imminent, Ethan sera parmi nous dans quelques heures.
Angel part en salle d'accouchement et je lui souhaite bonne chance. Je lui dis que je reste en salle d'attente afin d'avoir la chance d'être une des premières à rencontrer Ethan mais la sage-femme me dit sèchement que je peux partir. Ethan ne va pas arriver tout de suite.

Vexée, je reprends donc la route…

*

Après 30 minutes de trajet, j'arrive à la maison. Nous buvons un café avec ma mère, et là mon frère appelle. Ethan est né !
Ma maman et moi préparons Tyméo et nous partons à la rencontre de notre petit Ethan.

*

Nous sommes à la maternité, tous très pressés de voir le petit nouveau.
Le berceau arrive en même temps qu'Angélique. Je m'approche d'Ethan et je le scrute un moment.

Il est tout simplement parfait ! Comme son grand frère, il a une jolie peau et de beaux traits.
Il a également beaucoup de cheveux, forts bruns, mais juste à l'arrière du crâne, ce qui me fait beaucoup rire.
Nous arrivons en chambre, discutons un peu puis lorsque qu'Ethan commence à se réveiller, je m'approche de lui et je lui dis :

« Coucou, c'est tata ! »

Ethan réagit à ma voix, il se met à sourire.
Je suis bien sûr prise d'un élan d'émotion que je préfère cacher car oui, ce 12 octobre 2015 restera une date à jamais gravée dans mon cœur. Un merveilleux souvenir de la naissance de mon deuxième amoureux.
Mais en regardant ce magnifique petit garçon, au fond de moi je ne peux que me demander si moi aussi j'aurai un jour cette chance de devenir Maman…
Je préfère refouler mes émotions, car j'ai malgré tout une grande chance. Je suis deux fois tata aujourd'hui. Deux petits amours à qui je donnerai tout.

L'humiliation

Nous y sommes… Le 19 Octobre 2015.
Aujourd'hui, c'est le rendez-vous pour mon IRM pelvienne.
J'appréhende, je ne sais pas à quoi m'attendre. Va t'on me faire mal ? Que vais-je apprendre ?
En même temps, je suis impatiente car beaucoup de questions restent encore sans réponse.

Je retrouve ma Maman chez elle. Nous buvons un café puis prenons la route. Après 30 minutes de voiture, nous y sommes. Je rentre et me dirige vers l'accueil afin de signaler mon arrivé à la secrétaire.
Cette dernière m'installe en salle d'attente. Je commence à me sentir mal en constatant que chaque médecin ou radiologue passant dans les couloirs sont des hommes. Je ne suis pas très à l'aise car j'espère avoir une femme pour mon IRM.

Mais c'est un homme m'appelle. Il m'accompagne dans une petite pièce pour m'expliquer comment va se dérouler l'examen. Plus il me parle et plus je comprends que cet examen va être long et humiliant.
Il me donne une blouse et me laisse me changer.
Je m'effondre, j'ai envie de me rhabiller et de partir en courant. Mais ma curiosité sur mon état de santé est plus importante que ma fierté.

Nous entrons dans la salle d'IRM. Je m'allonge sur la table. Le radiologue procède à la mise en place des canules qui permettront de mieux voir l'utérus et ses alentours. Ce passage obligatoire me traumatise.

Pour la première fois de ma vie, je me sens nue, vide, honteuse et sale. Je n'ai jamais ressenti cette sensation de dégoût.

L'examen commence enfin, les minutes me paraissent des heures…
Au bout de quarante-cinq minutes, je peux enfin sortir de cette machine. Je retourne donc m'habiller. Le spécialiste passera me voir après.
A peine deux minutes et je suis prête !
Le gentil radiologue frappe à la porte puis entre. Je lui bondis dessus et lui demande ce qu'il a pu voir.
Il me répond :

« - Vous avez bien un utérus cloisonné, qu'on appelle également double utérus. »

Bon, c'est très bizarre mais jusque-là ça va, j'encaisse.
« - Et c'est tout ? »
Il me répond :
« - Non, il y a également une tâche sur un ovaire. Ce n'est certainement pas grand-chose, ne vous inquiétez pas. Il faut que vous alliez consulter un gynécologue »

Là je me prends une nouvelle gifle. En plus de n'avoir rien de normal, j'ai maintenant une tâche. Pour ce qui est de mon désir d'enfanter, j'obtiens la même réponse qu'il y a quelques semaines :

« JE NE SAIS PAS. »

Cette phrase ma hante et je crains d'avoir ignorée des symptômes qui pourraient bien me coûter cher…

Une tâche ?

Une tâche …

Mais qu'est-ce qu'une tâche ? Une ombre ? Un kyste ? Une grosseur ? Une tumeur ?
Vais-je un jour être mère ou cette tâche est-elle la fin ?

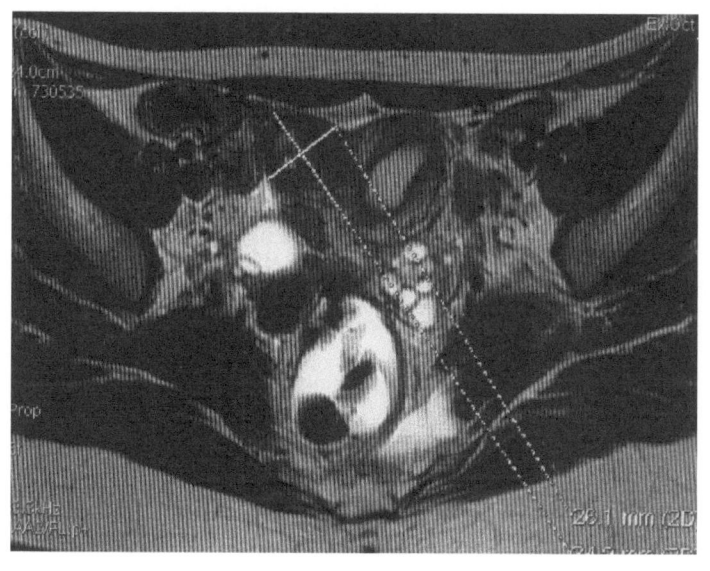

IRM Pelvienne du 19 Octobre 2015

*

Depuis plusieurs mois, Jo et moi rénovons notre maison, notre premier achat. Nous voyons en ce bien notre avenir et notre retraite.
Depuis cet achat, nous nous privons de tout afin de la transformer en un beau nid douillet. Parfois, lorsque je vois un beau vêtement ou de belles chaussures, ma première pensée est toujours pour cette maison et ses travaux. Au lieu de dépenser 200 euros pour des vêtements, je préfère les utiliser pour du parquet ou de la peinture.

Ce soir je suis seule. Johan est parti en répétition avec son groupe de musique. Je suis prise de tristesse, j'ai un gros coup de déprime. Je repense à cette « tâche ». J'en viens à me demander si tous ces sacrifices pour construire un avenir étaient vraiment le bon choix. Me suis-je assuré un avenir que je n'aurai jamais ? Et si cette tâche était un cancer ?

Je suis également très en colère.

En colère contre moi-même, pour ne pas m'être écoutée, car au fond j'ai toujours su que j'avais quelque chose et que je ne souffrais pas sans raisons…
En colère contre ces médecins vers qui je me suis tournée lorsque la douleur m'était devenue insupportable. Pourquoi ont-ils manqué cela ?
Enfin, je suis en colère après ces gens, amis ou encore

famille ; qui prétendent mieux connaitre ma souffrance que moi-même et qui posent un diagnostic avant même que j'ai rencontré un professionnel.

C'est alors que me revient une conversation avec ma belle-mère.

Pendant une réunion de famille, elle et mon père avaient parlé de mon état de santé avec d'autres membres de mon entourage.
Encore une fois, un autre « médecin » improvisé d'une minute, a osé dire à mes parents :

« Enfin, elle n'est pas stérile non plus ! »

Le genre de phrase complètement déplacée qui me blesse car j'ignore encore tout de mon état de santé. Aucun professionnel n'a pu me dire réellement ce qu'il se passe et quelles seront les conséquences…

Mon mari rentrant de sa soirée, je décide d'aller me coucher et je laisse mes idées noires de côté.

Une rencontre inoubliable

Suite à mon examen, je décide de voir mon médecin traitant, le docteur R.
Je lui donne le peu d'information dont je dispose et lui montre mon compte rendu de l'IRM.
Elle commence par m'expliquer les résultats. Elle ne peut pas vraiment dire ce qu'est cette tâche qui m'effraie. Néanmoins, elle me rassure et me conseille de rencontrer un bon gynécologue spécialisé dans ce genre de malformations. Le docteur R me recommande donc un professeur très réputé à Paris.

Même après ce rendez-vous, je reste tout de même très inquiète. Je décide de faire quelques recherches sur internet où je me rends vite compte qu'une consultation avec un professeur à Paris coûte très cher.
En plus de tout ce qui me tombe dessus, j'en viens à me demander si je vais pouvoir me faire soigner et gérer financièrement un dépassement d'honoraire exorbitant. J'ai beau être très bien couverte par ma mutuelle, nous ne parlons pas de 40 euros de dépassement…
Plus les jours passent et plus je me sens seule dans cette situation.

*

Quelques jours plus tard, je suis invité chez ma maman pour le café avec une de ses plus vieilles amies, « M ».

Nous discutons de toute cette histoire ensemble et « M » me recommande de contacter un hôpital près de chez moi où travaille un gynécologue très réputé.

Ayant eu elle-même de gros soucis de santé, elle avait été suivie par ce dernier, le docteur « X ».

« Ouf ! »

Enfin un nom, un lieu et une possibilité d'être suivie par un bon professionnel. Même si je suis un peu gênée par le fait qu'il s'agisse d'un homme.

Dès le lendemain, je prends mon téléphone pour appeler ce fameux médecin et convenir d'un rendez-vous.

Ça sonne…

Le temps d'attente est long. Je fini par vouloir raccrocher quand une petite voix me répond et se présente. Je suis très stressée mais je me lance et je lui demande donc un rendez-vous avec le docteur « X ».

Elle me répond :

« Vous êtes une de ses patientes ? »

Je lui réponds que non mais que j'ai besoin de rencontrer un bon gynécologue rapidement.

« Je suis désolée madame mais le docteur X ne prend plus de nouvelles patientes. Je ne pourrais donc pas vous donner de rendez-vous. »

C'est le drame. Les larmes montent, mes mains sont moites, je commence à paniquer. Mais, je ne lâche rien. Je bafouille et me mets littéralement à lui raconter ma vie.

« Ecoutez madame, je suis complètement désespéré, je viens d'apprendre que je suis né avec un double utérus et que j'ai une tâche sur un des ovaires. Je souffre depuis de nombreuses années. J'ai absolument besoin de rencontrer un bon gynécologue, je ne peux plus rester comme ça… »

Après un petit blanc, elle me propose finalement de rencontrer le docteur Safwan, gynécologue obstétricien, également très réputé.
Soulagée, j'accepte bien évidemment le rendez-vous qui aura lieu dans deux semaines, le 2 Novembre 2015.

*

La vie reprend son cours. Très occupée par mes deux amours, Tyméo et Ethan, je ne vois pas le temps passer. Les jours s'enchaînent plus vite que je ne l'aurais cru et pourtant nous y voilà.

Nous sommes le 2 Novembre.
Je suis au secrétariat de gynécologie de l'hôpital. Une gentille dame me reçoit et me place en salle d'attente. Elle m'informe qu'il y'aura un peu de retard.
De nature « très patiente », je prie pour que le temps passe vite car plus les minutes passent et plus le stress monte…

« Madame T ? »

Enfin ! Ça y est c'est mon tour.
A ma grande surprise, c'est une femme en blouse blanche qui m'appelle. Je me suis certainement trompée. Ce fameux docteur Safwan est en réalité une femme ?
Perplexe, je la suis sans rien dire. Nous arrivons dans une salle d'auscultation. La dame se présente et m'explique qu'elle assiste le docteur Safwan.
Elle commence par me poser des questions et regarde les résultats des examens que j'ai passée il y'a plusieurs semaines. Elle prend également ma tension et me pèse.
Après quelques minutes, un petit homme brun entre

dans la pièce, un grand sourire aux lèvres. Il se présente.

« Bonjour, je suis le docteur Safwan. »

C'était bel et bien un homme…

Il consulte mon dossier. Il énumère certains des symptômes dont je souffre et à qui je n'avais jamais osé parler jusqu'à présent. Je comprends alors, que je suis face à un vrai professionnel. De plus, cet homme est rassurant et sûr de lui.
Je me détends peu à peu. Moi qui n'accorde pas facilement ma confiance, avec lui je me sens directement à l'aise. Je bois ses paroles avec avidité.
Ce gentil médecin a très vite compris que, durant toute ces années, je me suis sentie très seule et abandonnée face à mes symptômes.
Après avoir effectuée un examen puis deux échographies, nous passons dans son bureau.
Il m'explique alors que j'ai bien un utérus bicorne, cloisonné en deux parties. Ou si je préfère, un double utérus.
L'utérus cloisonné est une malformation qui engendre un risque élevé de fausse couche et d'accouchement prématuré.
En ce qui concerne la tâche, il s'agit d'un kyste hémorragique. Ce dernier se remplit de sang lors de ma

période de règles puis se vide. Ces saignements causent une grande fatigue, des maux de ventres ou encore des rapports sexuels douloureux.
Il a également constaté que mes ovaires étaient collés l'un à l'autre.

Pour finir, il me demande si je souhaite avoir un enfant et si oui, depuis combien de temps j'essaie. Enfin !

Je lui explique que cela fait maintenant deux ans que nous essayons. En vain.

« D'accord, nous allons donc procéder par étapes… »

Il m'explique ainsi comment cela va se passer.

La première étape, consistera à soigner ce kyste et décoller mes ovaires. Je serai donc sous traitement durant plusieurs semaines afin de stopper mes règles, permettant ainsi au kyste de se résorber naturellement et de remettre les ovaires en place.
La deuxième étape sera de se concentrer sur la paroi cloisonnant mon utérus. Nous programmerons une coelioscopie et si tout se passe correctement il coupera cette cloison.

Enfin la dernière étape portera sur mon désir d'enfanter. Avant celle-ci, je devrai passer un nouvel examen. Une hystérosalpingographie, qui consiste à voir mes trompes et à les tester grâce à un « liquide » pour voir si tout fonctionne correctement.

*

En sortant de ce rendez-vous je sens un poids énorme descendre dans mon ventre. Je reste assez stressé mais étrangement j'ai déjà confiance en ce médecin au grand sourire, que je ne connais que depuis quelques heures.

Ai-je enfin trouvé quelqu'un qui me comprend ? Un médecin qui m'écoutera et m'aidera ?

A ce moment, je suis loin d'imaginer à quel point ce « docteur sourire » va changer ma vie…

La boite blanche

30 Novembre 2015, c'est reparti pour un examen gynécologique. L'hystérosalpingographie.
J'arrive très sereine, je commence à m'habituer à tous ces examens très gênants.
Je rencontre une très gentille dame qui me demande de me dévêtir puis d'enfiler une « magnifique » blouse bleue, avant de procéder à l'examen.
Elle me demande également si j'accepte la présence d'une étudiante lors de l'examen.
J'accepte.
J'entre alors dans une salle blanche. Il y fait froid. Il y a tout un tas de machines très étranges. Je commence à me demander ce qu'ils vont me faire mais je me rappelle alors que pour le docteur Safwan, cet examen est indispensable à mon désir d'enfanter. Je prends donc sur moi.
Un médecin m'installe puis m'explique qu'il va tester mon utérus et mes trompes en injectant un liquide dans l'utérus et en visualisant son parcours. Il pourra ainsi savoir s'il y a des fuites ou d'autres soucis éventuels.
L'examen débute. Je sens deux petits pincements dans le ventre, puis une drôle de sensation.
J'attends patiemment la fin de l'examen. J'observe les gens qui m'entourent et vois que l'étudiante me regarde sans arrêt. Je me sens un peu gêné bien que je

comprenne qu'elle est ici pour apprendre.
C'est là que je me rends compte que pour moi c'est difficile. Difficile de me mettre nue devant tout un tas de médecin mais pour eux, il n'y a rien de choquant, c'est même presque « normal ».
L'examen est terminé, je retourne donc me rhabiller. Je ne me sens pas très bien, j'ai mal au ventre et je perds du sang.
La gentille dame me rassure et m'explique que c'est normal, que ça arrive à beaucoup de femmes. Je n'ai pas le temps de lui demander le compte rendu qu'elle m'explique que tout s'est bien passé. Malheureusement, seule la partie gauche de l'utérus ainsi que ma trompe gauche ont pu être visualisés.

Cela m'aurait étonnée qu'il n'y est pas quelque chose...

Je fais abstraction de ça et je reprends ma vie tranquillement jusqu'au prochain rendez-vous avec le docteur Safwan, le 8 Février 2016.

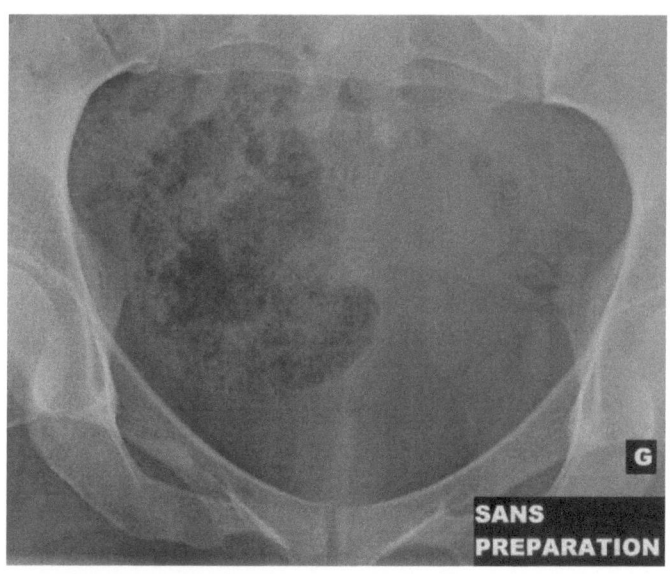

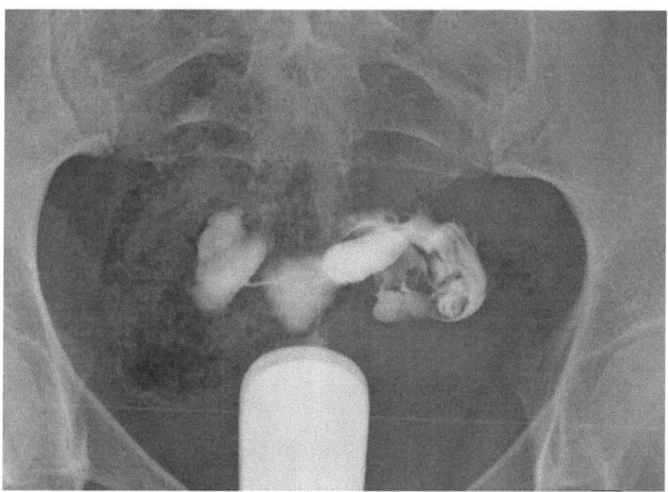

Hystérosalpingographie du 30 Novembre 2015

Monsieur Sourire

Un peu plus de deux mois ont passé. Depuis peu, je constate moins de douleurs abdominales. Je suis donc très confiante pour mon rendez-vous avec monsieur Safwan.
Johan est présent et nous espérons que le kyste a disparu.

« Madame T ? »

Ça y est c'est à nous, le verdict va tomber.
A l'échographie nous ne voyons rien, il n'y a plus de kyste et les ovaires se sont remis en place.
Enfin une bonne chose.

Mon gentil docteur m'explique qu'il souhaite tout de même voir ce qu'il passe à l'intérieur suite à l'épisode de la trompe manquante et surtout pour tenter de retirer la cloison qui divise mon utérus en deux.
Nous choisissons donc une date ensemble pour une coelioscopie et une endoscopie. Ce sera le 11 Avril 2016.
Le stresse monte, moi qui ai la phobie de l'hôpital…
Mais encore une fois monsieur Safwan se montre très rassurant et très optimiste.
En plus d'être mon gynécologue et mon chirurgien, il est également mon psychologue. Il prend toujours le

temps de m'expliquer les choses et, comme à sa grande habitude, avec un immense sourire.

*

Quelques semaines plus tard, les choses se concrétisent. C'est la dernière étape avant l'opération. Le rendez-vous avec l'anesthésiste, une dame très charmante me posant beaucoup de question sur mon état de santé et enfin les papiers administratifs pour mon hospitalisation.

Le jour J approchant et suite à une grosse crise d'angoisse, il me vient l'idée de demander à mon mari s'il accepterait de rester dormir avec moi durant mon hospitalisation.
Bien évidemment il accepte. Je décide donc de contacter l'hôpital afin de faire les démarches nécessaires, si toutefois c'est possible.
La secrétaire est un peu choquée par ma demande et me confie que seuls les papas de nouveau-nés sont autorisés à rester dormir avec leur épouse.
Je lui explique donc que j'ai la phobie de l'hôpital, que c'est très difficile à gérer pour moi et surtout que contrairement à une future maman, moi je n'aurai pas de « récompense » à la fin de mon séjour.
Elle me comprend parfaitement et me prends un peu en pitié. Elle fera donc tout le nécessaire pour que Johan puisse rester avec moi durant ces quelques jours.

Elle me met tout de même en garde car il faut que ce soit accepté par le cadre de santé.
J'apprécie grandement son aide et sa compassion.

Elle me rappelle quelques jours plus tard afin de m'informer de la décision et c'est oui.
Je suis soulagée. Je me sens soutenue et j'ai enfin l'impression d'être comprise.

La phobie

Nous sommes le 10 Avril 2016, il est midi. Depuis ce matin j'ai une boule au ventre et j'ai la nausée.
Ce soir, je serai hospitalisée puis opéré demain matin. J'ai le cœur serré et je suis angoissée. J'ai peur de ne pas me réveiller, peur de ne pas retrouver mes deux amours de neveux et ma famille. Mais j'ai aussi peur de me réveiller et d'apprendre de mauvaises nouvelles.
Lorsque j'y pense je sens que mon cœur s'emballe et les larmes coulent sur mes joues. J'ai 23 ans mais j'ai une peur panique de l'hôpital et surtout d'y dormir.
Cela fait maintenant soixante-quatre jours que je n'ai pas vu mon cher docteur. Je sais que demain, il fera tout son possible pour améliorer mon quotidien. Cette pensée m'apaise et me permets de trouver la force de combattre ma phobie.

Nous chargeons la voiture et prenons la route. Je suis effondrée, un vrai bébé.
Nous sommes en retard et histoire de combler le tout nous faisons tout l'hôpital afin de trouver le service où je serais hospitalisée.
Après plusieurs minutes à chercher, nous trouvons enfin le bon endroit. Je tombe sur une personne qui fait partie du service et je me présente. Je sens que notre retard d'une heure l'a fortement agacée, ce que je

comprends.

J'entre en chambre, une pièce orange toute petite et très impersonnelle, comme toute chambre d'hôpital.

Au moment où je commence à me détendre tant bien que mal, une équipe de sages-femmes arrive et se présente. Elles m'expliquent le protocole et m'informent qu'elles passeront me réveiller assez tôt afin de me sonder et de me préparer pour l'intervention.

Là je suis un peu surprise, je n'avais pas pensé à la sonde urinaire…

Nous ignorons à quelle heure aura lieu l'intervention, ce sera en fonction des évènements de la nuit. Les sages-femmes nous laissent et nous nous installons.

*

C'est maintenant l'heure du repas, et quel repas !

Devant être à-jeun pour l'opération qui m'attends demain, mon plateau est très « léger ».

Nous nous mettons à rire…

Johan fait tout ce qu'il peut pour me détendre et me propose de m'offrir un super repas une fois rentré à la maison.

Je vois sur son visage qu'il est très inquiet, il fait tout son possible pour le cacher afin que je me sente bien.

J'attends beaucoup et en même temps rien de cette intervention. Peu de gens comprennent ma souffrance.

Lorsque j'évoque mes soucis de santé, la première

chose qui les interpellent est la stérilité. À aucun moment ils ne s'imaginent la souffrance endurée chaque jour, chaque mois, depuis si longtemps.

Bien sûr, je souhaite être mère plus que tout mais je souhaite avant toute chose ne plus souffrir, ne plus me réveiller le matin avec ces maux de ventre, ne plus pleurer de douleur dans mon lit pendant des jours, plusieurs fois par mois.

Ces mêmes douleurs qui m'empêchent parfois de travailler et me confinent à la maison.

Certaines personnes pensent même à du cinéma ou une excuse pour rentrer plus tôt d'une soirée et pourtant…

J'ignore s'il s'agit de la malformation. Ou est-ce simplement des kystes à répétitions ?

Demain ma vie changera peut-être… en mieux ou en pire…

Le grand jour

Il est sept heures, quelqu'un frappe à la porte. C'est une femme assez jeune qui vient me réveiller. Elle demande à mon mari de quitter la pièce pour me sonder. Comme tout acte subi jusqu'à ce jour, ça me fait assez mal, j'ai toujours été très sensible.
Après la pose de la sonde et une douche, il est temps de se préparer. L'infirmière me donne un petit cachet qui servira à me détendre.
À peine quelques minutes après l'avoir ingéré, je me sens très fatiguée. Elle me parle mais je dois avouer que je ne l'écoute plus. Je me sens épuisée, mes yeux commencent à se fermer.

Neuf heures, c'est le moment de se faire un bisou.
Je pars au bloc opératoire retrouver mon super docteur. Johan a l'air très inquiet mais je ne peux pas le réconforter. J'ai la sensation d'avoir passé la nuit à me saouler.
Je suis allongée. Je regarde les plafonds qui défilent au-dessus de ma tête. Au bout de cinq minutes, j'arrive dans une pièce froide. Je vois l'anesthésiste. Elle m'injecte un produit afin de m'endormir.
Je sens une légère brûlure dans mon bras, puis plus rien…

*

J'entends tout ce qu'il se passe autour de moi, deux personnes discutent. Un homme et peut-être une femme. Je me sens très faible. J'essaie de bouger ou d'ouvrir les yeux mais je n'y arrive pas. J'entends l'homme dire :

« Elle devrait déjà être réveillée ! »

Puis :

« Elle fait un malaise vagal ! »

Je sens un picotement sur mon doigt, comme une petite aiguille.

« Pic de sucre de trois grammes. »

A ce moment, j'essaie de toute mes forces de me réveiller et de leur dire que je vais bien, que je suis juste fatiguée. Mais rien ne sort, mes yeux ne s'ouvrent pas, mes bras et mes jambes ne bougent pas. Je me sens comme enfermée dans mon propre corps.
J'en viens même à me poser la question :

« Suis morte ? Que se passe-t-il ? Vais-je revoir les miens ? »

Prise de panique, je parviens à ouvrir les yeux difficilement. Je vois alors une dame près de moi. Elle me dit que j'ai mis plus de temps que prévu à me réveiller. Je suis si faible que je ne peux pas lui répondre, je lui souris donc à la place et je me rendors.

*

J'ouvre de nouveau les yeux, je suis dans ma chambre. Je vois Johan près de moi, il me regarde et me sourit. Il a vraiment une sale tête mais au vu de la mienne, je n'ose pas lui dire.

Il me dit :

« Tu m'as fait peur, j'ai cru que tu n'allais jamais revenir ! L'intervention a duré plus longtemps que prévu. »

Je lui demande l'heure qu'il est.

« Il est seize heures. »

Je suis un peu surprise. Pourquoi suis-je restée plus longtemps que prévu ? Que s'est-il passé ? Il faudra être patient avant de pouvoir le découvrir.
Je me rendors pour quelques heures.

Je n'ai pas conscience du temps qui passe. Dans mon

sommeil, pendant un instant, j'ai cru voir ma maman. L'instant d'après elle n'était plus là.

*

Je me réveille à nouveau. Je me sens un peu mieux, bien que j'aie mal au dos. Johan est à côté de moi. Nous discutons un peu. Il m'explique alors que ma mère était bien venue mais que je dormais.

Plus tard, un gentil sage-femme passe me voir et réponds à quelques une de nos questions. Il n'a pas le compte rendu de l'opération mais il m'informe que les médecins passeront demain matin pour tout m'expliquer et qu'en attendant, je dois me reposer et éviter d'être debout pour mon dos.
En effet, lors de ce genre d'intervention, un gaz est injecté pour pouvoir faire gonfler le ventre et donc laisser plus de place pour accéder aux organes.
Ce gaz cause donc des douleurs au dos.

Après avoir dormi quelques minutes, il est temps de manger. Mon plateau repas arrive, plus fourni que la veille. Ça tombe bien car j'ai très très faim !
Seul hic, je n'arrive pas à me mettre assise, les plaies me tirent et je suis encore faible.
C'est donc Johan qui me donnera à manger !
Ça me fait drôle. Moi qui, de par mon métier d'assistante maternelle, ai l'habitude de donner à manger aux

enfants, me voilà désormais à leur place !
C'est assez marrant de voir Johan s'occuper de moi.

Nous reparlons de l'intervention. Je lui confie qu'en salle de réveil, j'ai entendu un médecin dire que je faisais un malaise vagal. Je lui parle aussi du pic de sucre de trois grammes.
Mon père et mon grand-père sont diabétiques. Je sais donc que cette maladie peut provoquer une élévation anormale du taux de sucre dans le sang.
Un taux de trois grammes est très élevé, je pense que j'étais confuse. Certainement à cause de l'anesthésie.

Nous finissons notre repas. Pour le reste, Johan passera sa soirée à me regarder et à s'occuper de moi. Quant à moi, je passerai mon temps à dormir…
Un amour de mari.

Le vice caché

Il est tôt, j'ai mal dormi. J'ai passé ma nuit avec un tensiomètre à la cheville et une perfusion à la main. Le confort de ma maison me manque. Mes animaux me manquent. Je n'ai envie que d'une chose, me doucher ! Je me sens sale et je sens l'hôpital.

Quelqu'un frappe à la porte. C'est ce gentil sage-femme.
Il vient pour me retirer la sonde urinaire, j'appréhende un peu. Lorsqu'on me l'a posée, j'ai senti comme des brûlures mais là en moins de temps qu'il ne faut pour le dire, je n'ai plus de sonde et je n'ai rien senti.

Enfin quelque chose qui se passe bien.

Il m'informe qu'il repassera dans la matinée, accompagné des médecins et il me demande :

« -Souhaitez-vous que je vous aide pour vous laver ? »

« - Merci beaucoup mais je vais me débrouiller. »

Je pense avoir montré assez de mon corps pour aujourd'hui.
Si tout va bien je devrais pouvoir rentrer chez moi dans la journée. Je compte bien être rapidement à la

maison. Je demande donc à Johan de m'aider à me lever pour que je puisse aller prendre ma douche. Il m'aide à me positionner, me donne la main et je me lève. Je suis prise de vertiges.
Finalement, ce qui me paraissait pourtant si simple va s'avérer plus compliqué que prévu…
Johan s'occupe donc me doucher. J'en profite pour me maquiller et me coiffer un peu.
Une fois prête, je me recouche puis m'assoupis quelques minutes. Jusqu'à ce que la porte de la chambre s'ouvre.
C'est mon super docteur Safwan ainsi que deux autres médecins et le sage-femme.

Ce dernier sourit et me dit :

« Vous avez meilleure mine que tout à l'heure ! »

Tout le monde souri.
Ah les miracles du maquillage…

Ils m'annoncent que l'intervention s'est très bien passée et que je vais pouvoir sortir ce midi. Ils me disent aussi que j'ai eu un peu de mal à me réveiller après l'anesthésie et enfin, que j'ai eu un taux élevé de trois grammes de sucre.
Ah j'avais raison, j'avais bien compris !
Ils m'expliquent alors que ce n'est pas grave. Cela ar-

rive parfois mais ça ne veut pas dire que je suis diabétique.

Je repars donc avec un arrêt de travail d'une semaine, des soins à faire faire par une infirmière et un prochain rendez-vous avec le docteur Safwan pour faire le point.

*

Enfin chez moi…

Après 3 jours à beaucoup dormir, je me sens désormais beaucoup mieux, malgré de fortes douleurs au dos. La cicatrisation se passe très bien et les deux cicatrices sont vraiment très petites. Il est temps de faire le bilan de l'intervention avec mon super doc.

*

C'est, comme à son habitude, avec un grand sourire qu'il me reçoit.
Il m'explique que le but de cette intervention était de retirer la cloison qui sépare mon utérus en deux. Malheureusement il n'a pas pu le faire car il s'est aperçu que dans un des deux utérus il y avait de l'endométriose. Le but étant également que je puisse un jour enfanter, il a donc laissé la cloison mais a tout de même cautérisé l'endométriose. Une des deux

trompes était également bouchée. Il s'est occupé de la déboucher et enfin, il a fait une biopsie dont les résultats sont bons.

Je suis choquée.

En plus d'avoir un utérus cloisonné en deux, une trompe bouchée et un kyste hémorragique, je souffre maintenant d'endométriose. Cette maladie est une maladie sournoise, elle touche une femme sur dix.

L'endométriose est une maladie très invalidante au quotidien, c'est une pathologie caractérisée par la présence de tissu utérin hors de la cavité utérine.
Elle peut se manifester par des douleurs lors d'un rapport sexuel, des règles très douloureuse et ou irrégulière, des douleurs lombaires, des maux de ventre fréquents et expose également à un risque important d'infertilité.

Maintenant tout est très clair. Tous ces symptômes inexpliqués. C'était en fait cette saloperie de maladie !

Monsieur Safwan me rassure quant à la question du bébé. Ce n'est pas impossible mais ce sera certainement plus difficile pour moi. Il y a également un gros risque de bébé prématurée à cause de la malformation. Après ce genre d'intervention, beaucoup de femmes tombent très rapidement enceintes, ce qui est encourageant.

Comme toujours, mon super doc m'a rassurée et je suis sereine. Je sais qu'il a fait de son mieux.

La fausse joie

Après plusieurs semaines, je constate que mon état s'est nettement amélioré. Je ne sens plus mon ventre, je n'ai plus mal et je n'ai plus de rapports sexuels difficiles.
Je n'ai pas l'habitude…
Par-contre, je n'ai toujours pas de règle depuis l'opération mais j'avais été prévenue que ça pouvait mettre du temps.

Aujourd'hui il fait très beau. Avec Johan nous nous attelons à jardiner. Short, chapeau et c'est parti pour une opération nettoyage de la terrasse.
Au bout de 2 heures, je fais une petite pause et j'en profite pour appeler mon super docteur et prendre un rendez-vous pour cette histoire de règles. Au téléphone, j'explique ma situation à l'infirmière. Monsieur Safwan est justement près d'elle. Elle en profite pour lui en toucher deux mots et il demande à me parler.

« Madame T. comment ça va ? »

Je lui réponds que tout va bien mais que je n'ai toujours pas de règles depuis l'intervention et que je souhaiterai prendre rendez-vous.
Et là il me dit :

« Vous pouvez venir tout de suite ? »

Euh…
Je fais de grand signe à Johan pour qu'il aille tout de suite se préparer. Bien évidemment sur le moment, il ne comprend pas.

« Oui, euh, j'ai quand même la route mais d'ici une heure je peux être là. »

Rendez-vous confirmé.

Je passe en mode fusée ! Je fonce à la douche, je m'habille, me remaquille, me recoiffe et nous prenons la route.

Au bout de 20 minutes, nous arrivons et je vois mon cher docteur. Il me prend tout de suite et me dit qu'il espère sincèrement que je suis enceinte.

J'avoue que je n'y ai pas tellement pensé.
Bien sûr nous avons fait des « câlins » mais n'ayant pas de règles depuis l'intervention nous n'avons pas pu calculer les périodes de fécondités.

Je m'installe et nous procédons à l'échographie. Au bout de quelques minutes, je lis la déception sur le visage de mon super doc.

Il n'y a rien…

Dame nature n'a pas fait correctement son travail. Il va donc falloir un traitement pour déclencher les règles.

Je suis triste. Pas pour moi mais pour mon super docteur. J'ai vu qu'il était déçu et qu'il aurait beaucoup aimé que ça marche pour moi.
Une sincérité profonde, c'est si rare de voir ça !
Un médecin qui ne me connait que très peu et qui pourtant, me souhaite le plus grand des bonheurs.
Je suis touchée…
Comme toujours, il me dit de ne pas hésiter à revenir et rapidement, si je venais à tomber enceinte.

Le retour

Plusieurs mois se sont écoulés. Jusqu'à maintenant tout allait bien mais depuis quelques jours, je ne me sens pas en forme. Fatigue, perte d'appétit et donc de poids et encore une fois, absence de règles.
Je décide d'attendre quelques jours avant d'appeler Monsieur Safwan.

Après avoir remarqué une perte de poids de 4kg et fait 3 tests de grossesse négatifs, je prends rendez-vous.

Cela fait plusieurs mois que je n'ai plus du tout d'espoir concernant une éventuelle grossesse. Pour mon mari c'est pareil. Nous nous sommes faits à l'idée de ne jamais avoir d'enfants.
Qu'on se le dise. Après presque 5 ans à essayer et une opération il y a presqu'un an, il faudrait un miracle !

*

Nous sommes le 2 mars 2017. C'est l'heure.
Examen gynéco, installation en salle d'écho, puis échographie. J'ai l'habitude maintenant…
Mon super doc est contrarié ! Je reconnais même les expressions de son visage maintenant.
Je regarde Johan et je lui fais comprendre qu'il y a

quelque chose qui ne va pas. En temps normal, monsieur Safwan est très souriant et discute de tout avec moi. Mais là, rien…
Il regarde et regarde et regarde encore en fronçant les sourcils, puis l'examen est fini.

Il y a un nouveau kyste de trois millimètres.

Il est petit mais il est là. Je comprends alors très vite que la récidive de kyste hémorragique n'est pas bon signe pour avoir un enfant.
Mon super doc, d'habitude si souriant, ne l'est plus du tout. C'est donc reparti pour un traitement afin que le kyste se résorbe.
Pour la première fois en deux ans, je vois mon médecin moins confiant quant à mon désir d'être maman.
Nous commençons donc à en parler puis il me dit avec un air contrarié :

« Ce n'est pas impossible, mais pour vous Madame T, ça va être TRES TRES compliqué. »

Il me propose donc un nouveau rendez-vous mi-juillet pour que nous entamions les tests de fertilités avant de commencer les inséminations artificielles.

Le « très très » m'a marquée.

Je n'y croyais déjà plus mais alors là, je ne souhaite

même plus évoquer la question. Tout ce que je souhaite c'est être heureuse même si c'est sans enfants. La pilule est dure à digérer mais que puis-je faire ?
RIEN !
Je ne suis pas le genre de femme à pleurer sur son sort. Je vais trouver la force et le courage de surmonter tout ça. Je ferai les tests et Johan aussi, mais au fond à quoi ça sert ? Encore et toujours des examens.
De plus, Monsieur Safwan ne sera pas là car cela se passera dans un autre hôpital. Je vais devoir faire une heure de route et vivre déception sur déception lorsqu'on me dira que ça n'a pas marché…

Je n'ai pas envie de tout ça.

J'ai un autre projet. Passer des vacances de rêves au soleil avec mon mari !
Je décide donc qu'il est temps pour nous de partir quelques jours, de respirer et d'oublier un peu tous nos soucis. Ce sera 10 jours sous le soleil de Crête et le départ est imminent car nous partons dans un peu moins de 2 mois !

L'explosion

Nous sommes le 16 mars 2017.

Ce matin, le réveil est difficile. Je suis épuisée.

9h00 : J'entame ma journée de travail par un anti-douleur. Mes maux de ventre sont supportables mais je préfère anticiper. La matinée passe vite, je ne souffre pas tellement.

13h30 : Le plus dur de ma journée est passée et mon filleul est à la sieste pour environ deux heures. Je sens à ce moment-là que mon anti douleur ne fait plus effet, j'en prends donc un autre.

14h30 : J'ai du mal à être debout. Lorsque je suis assise, j'ai étonnement moins mal au ventre, je me dépêche donc de ranger la salle de jeu puis de préparer le goûter et je m'assois devant un bon café au lait.

15h45 : Je n'ai pas vu le temps passer. Ethan dort encore. Ma belle-sœur ne va pas tarder à arriver pour le récupérer. Je le réveille puis l'habille.
Je me sens de plus en plus mal, le cachet ne fait pas effet et je ne peux pas en reprendre un avant 17h.
16h00 : Ouf, Angel est là. Je vais pouvoir aller m'allonger. Elle voit que je ne suis pas bien. Je lui confie

que j'ai très mal au ventre et que je viens de m'apercevoir que je perds du sang mais je ne suis pas inquiète, j'ai l'habitude de ce genre de symptômes.
Angélique part et je vais me coucher.

16h30 : La douleur devient insupportable. Je ne suis plus capable de me tenir debout ni de marcher. Je sens également que je perds de plus en plus de sang. J'appelle donc Johan en pleur pour qu'il rentre plus tôt. J'ai à peine raccroché que mon téléphone sonne. C'est ma maman. Elle me demande comment je vais.
Bizarre…
Je lui réponds que ça ne va pas du tout. Elle prend donc la voiture et vient me voir.

16h40 : La voilà déjà. Elle me botte les fesses et décide d'appeler le 15.
Encore des médecins…
Ça y est, je stresse. Je décide de prendre l'air 5 minutes et je lui demande :

« Comment tu as su que je n'étais pas bien ? »

Elle me répond :

« C'est Angel qui m'a appelée. Elle s'est inquiétée car elle t'a trouvée très mal ! Tu ne pouvais pas le dire que t'étais pas bien ?! »

Comme à son habitude ma chère maman râle.
Et comme d'habitude elle a raison…

17h00 : Le SAMU arrive, il y a deux hommes. Ils me posent beaucoup de questions et je leur explique donc mon histoire. Un des deux urgentistes me sermonne alors un peu en me disant qu'il ne faut pas rester dans un état pareil même si je pense en connaitre la cause.

A ce moment-là, je n'imagine pas un seul instant aller aux urgences. Et pourtant…

17h20 : Direction les urgences. Johan arrive au même moment. Il me suivra en voiture.
Dans l'ambulance, j'ai beaucoup de mal à ne pas bouger, j'ai la nausée et la route allongée ne m'aide pas grandement. Fort heureusement un des ambulanciers est tout à fait charmant et nous discutons de tout et de rien pendant le trajet. Ça m'aide à passer le temps.

17h45 : Me voilà arrivée aux urgences. Johan est là aussi. Je lui dis discrètement :
« J'ai très envie de faire pipi, trouve-moi des toilettes s'il te plaît. »
L'ambulancier sourit. Jo trouve une infirmière et lui demande alors le chemin des w-c. La dame me regarde dans mon super brancard. Elle indique à mon mari la direction des toilettes puis lui dit qu'elle finit un truc et qu'elle va m'y emmener. Jo me connaissant très

bien, me regarde et sourit.

On se dépêche donc d'aller aux toilettes avant que l'infirmière ne revienne. Je n'ai bien évidemment pas envie d'être suivie aus toilettes. Par précaution Johan reste à côté. Le pauvre n'est plus à ça près…

A peine sortie des toilettes, il est temps de m'installer en chambre pour commencer à faire quelques examens. Nous aurons réussi à semer l'infirmière !

Prise de sang, tension, électrocardiogramme, test de glycémie, etc. Tout est normal.

20h45 : Nous attendons les résultats sanguins. A cause de mon parcours médical, je vais devoir rencontrer un interne en gynécologie car, pas de chance, mon super doc n'est pas là ce soir.

21h00 : Nous partons donc pour le service obstétrique où, nous faisons la connaissance d'un interne en gynécologie, très gentil. Il procède à une échographie et constate que mon kyste s'est rompu, ce qui a engendré les violentes douleurs et les pertes de sang.

21h30 : Fin de l'examen. A part prendre des anti-douleurs, il n'y a rien à faire. Nous devons quand-même attendre les résultats sanguins avant de pouvoir rentrer. Nous discutons avec l'interne en attendant.

22h00 : Les résultats arrivent enfin. Apparemment il y a un souci. Après avoir palpé mon ventre et aux vues des résultats sanguins, ce médecin soupçonne une appendicite.

Là, c'est le pompon…

Alors que j'espérai enfin pouvoir rentrer à la maison, je dois retourner aux urgences pour passer un scanner !

22h10 : Retour aux urgences. Je m'assois sur une chaise et j'attends Johan qui est parti prévenir les médecins pour le scanner. Alors que la douleur s'était un peu calmée, je commence à sentir que ça revient mais je n'ai pas d'anti-douleur sur moi.
22h30 : J'attends qu'on m'installe pour le scanner, il y a beaucoup de monde et le personnel est débordé.

J'attends…
J'attends encore… Je souffre de plus en plus… Ça devient insupportable.

23h15 : Toujours pas de scanner… Je suis aux urgences depuis maintenant plus de 6h ! Jo ne supportant plus de me voir me tordre de douleurs, il décide d'aller voir une infirmière pour savoir quand je pourrais passer mon scanner.

La dame arrive rapidement vers moi, très gênée et se précipite dans une chambre où elle me demande de venir m'allonger et me reposer en attendant mon tour.

M'aurait-on oubliée sur ma chaise ?

Nous entrons dans la chambre et je m'allonge enfin. Cela me soulage un peu mais la fatigue et la douleur prennent le dessus. Je m'endors…

« Madame T, nous allons au scanner. »

Je me réveille en sursaut.
Une dame est à côté de moi. Elle regarde mon bras et constate que je n'ai pas de cathéter. Elle m'en pose donc un. Je n'ai pas le temps de reprendre mes esprits que nous partons pour le scan.
Elle m'injecte un produit par le cathéter, le liquide me donne une sensation de brulure dans tout le bras, c'est assez désagréable.

00h00 : Fin du scanner. J'espère que la dame va me dire ce qu'il y a mais elle ne le sait pas elle-même. Il faudra attendre les résultats.

Encore…

Je commence à être très fatiguée et à devenir très impatiente. La dame semble s'en apercevoir et me rassure :

« Vous aurez les résultats dans trente, voire quarante-cinq minutes »

Bon, je ne suis plus à ça près !

Je retrouve mon mari dans la chambre, il est très fatigué, le pauvre. Encore une fois, il est avec moi et subi tout ça.

00h30 : Rien.

00h45 : Toujours rien. Ma patience a atteint ses limites. J'appelle l'infirmière pour lui demander où en sont mes résultats. Elle me répond qu'elle ne sait pas, elle semble agacée par ma question.
Je lui dis donc :

« - Ecoutez madame, je comprends bien qu'il y a beaucoup de monde et que vous êtes débordés mais moi je vais m'en aller. »

Je commence à mettre ma veste et regarde Jo pour qu'il se prépare.

« - Vous ne pouvez pas partir sans les résultats madame, s'il s'agit d'une appendicite nous allons tout de suite vous opérer. »

Sincèrement là, je m'en fiche complètement. J'ai mal, j'ai faim et je suis exténuée.

« - Eh bien vous n'aurez qu'à m'appeler et je reviendrais ! Je suis désolée mais ça fait plus de sept heures que je suis là, je suis épuisée et j'ai mal. Je veux rentrer chez moi ! »

Elle comprend. Elle se radoucit un peu et va voir pour faire accélérer les choses.

Moins de dix minutes après un médecin arrive avec mes résultats.

Pas d'appendicite. Juste un « épanchement pelvien de moyenne abondance ». Certainement dû à l'explosion du kyste. A surveiller.

1h15 : Je peux enfin rentrer chez moi…

Repos

Ça fait maintenant dix ans que je souffre de problèmes gynécologiques. Dix années dont un an et demi à être sous traitement, à faire des analyses, des échographies, etc.
Il est grand temps pour Johan et moi de nous occuper de nous et de nous détendre avant de commencer les tests d'infertilités, prévus pour le 10 juillet.

Donc, direction le soleil de Crête !

*

Le temps est au rendez-vous, il fait très beau et les paysages sont splendides. L'eau de la mer est magnifique, un bleu très clair.
Nous profitons de chaque instant ensemble. Nous nous promenons dans les rues commerçantes, allons à la plage, visitons des musées…
Chaque jour est une nouvelle aventure.

Mon moment préféré est celui du soir lorsque nous prenons l'apéritif sur la terrasse. C'est un moment d'échange. Nous parlons de tout et de rien et surtout nous oublions mes soucis de santé.
Pendant notre séjour, nous avons rencontré plusieurs couples. Tous très charmants. Ce soir nous prenons

l'apéritif avec l'un d'entre eux. Des ch'tis !
Ils ont tous les deux la cinquantaine. Lui est plutôt avenant et souriant. Toujours prêt à rire. Elle, est plus réservée au premier abord mais tout à fait charmante. Elle a de magnifiques yeux bleus, j'aime beaucoup cette dame au caractère bien trempé. Nous discutons de nos vies respectives. Elle me parle de ses petis enfants.

Puis viens la question…

Je n'ai aucun problème avec le fait de ne pas arriver à avoir d'enfant. Je n'aime juste pas quand les gens se prennent pour des médecins et posent un diagnostic sans même tout savoir.

Elle me demande donc :

« Et vous ? Vous avez des enfants ? »

Je lui souris et lui réponds non. Elle pense alors que nous sommes jeunes et que nous préférons surement profiter de la vie.

« Ah oui, vous êtes très jeunes, vous avez bien le temps. »
Je commence donc par lui dire que j'ai des soucis de santé et qu'à cause de ça, il est beaucoup plus difficile pour moi d'avoir un enfant.

Je vois qu'elle s'interroge, ça lui fait de la peine.
Je lui explique donc mon histoire. Elle est choquée. Comme beaucoup de gens autour de moi, elle n'a jamais entendu d'histoire comme la mienne.
Je sens un malaise.
Je me mets donc à rire et je lui dis :

« Je pourrais écrire un livre ! »

Elle se mets à rire puis, plus sérieuse, elle me dit que je devrais le faire et même qu'elle l'achèterait.
A dire vrai, j'écris déjà. Le fait d'écrire tout ce qui m'arrive m'aide beaucoup, c'est une sorte de thérapie.

Sur cette note joyeuse, nous mangeons tous ensemble et partons nous coucher. Demain, nous reprenons l'avion pour rentrer.

*

Dernier jour, les vacances sont terminées. Nous préparons nos affaires, déjeunons, rendons nos clés et c'est fini. Dans quelques heures nous serons à la maison.
Notre gentil couple de cinquantenaire arrive pour nous dire au revoir. « S » me serre dans ses bras et me regarde avec les larmes aux yeux.

« Je te souhaite beaucoup de bonheur et j'espère que

tu auras un jour la chance d'avoir ce bébé. »

Touchés par ces mots, c'est avec un gros pincement au cœur que nous partons.

Le miracle

10 Juin 2017.
Voilà un peu plus d'un mois que nous sommes rentrés de voyage. Dans un mois nous commencerons les tests de fertilités. Cela fait 2 jours que je me sens très fatiguée. Encore un kyste ? A moins que ce soit les vilaines du mois qui arrivent.

Je prends donc les devants.

Deux jours plus tard, je vais voir mon médecin traitant pour une toux et j'en profite pour lui demander un bilan sanguin car je suspecte un nouveau kyste. Dans la foulée, je file faire ma prise de sang. J'aurai mes résultats ce soir via mon compte en ligne.
La journée passe lentement et je n'arrive à rien. Ça m'agace d'être molle comme ça !

*

Johan est rentré du travail, il cuisine.
Je décide d'aller sur l'ordinateur pour faire deux, trois trucs. Je repense alors aux résultats sanguins.
Je vais sur mon compte et consulte mes résultats. Tout va bien, pas de carences, les taux sont bons et LÀ !

Je fonds en larmes…

Je suis incapable de parler, Jo me fait les gros yeux.
« Qu'est-ce qu'il se passe chat ? Ça ne va pas ? C'est tes résultats ?»

Je me calme et lui dit les yeux trempés :

« Je suis enceinte ! Je n'y crois pas, c'est pas possible, je suis enceinte ! Viens voir ! »

Nous nous mettons à pleurer ensemble l'un dans les bras de l'autre. Certaines personnes diront que c'est grâce aux vacances ou tout simplement car nous avons arrêté d'y croire.

Moi je vous dirais que c'est un miracle.

Après cinq ans à essayer de concevoir un enfant, nous avons enfin réussi !

L'épée de Damoclès

15 Juin 2017.
Je suis tout juste à 15 jours de grossesse. Pour le moment, seuls mes proches sont au courant. Je vis dans la peur constante, j'ai un risque élevé de fausse couche tardive donc je préfère me protéger.
J'appelle mon super doc pour prendre rendez-vous afin de confirmer ma grossesse par une échographie.

*

Un mois plus tard, je suis à presque 6 semaines de grossesse et c'est l'heure du verdict. Tant que je n'aurais pas vu mon cher docteur je ne serai pas rassurée. Je sais déjà que je vais être très surveillée, qu'il falloir être prudente et surtout beaucoup me reposer à cause du risque de bébé prématuré.
C'est, comme toujours, avec un immense sourire que monsieur Safwan me reçoit. Je lui annonce donc que je suis enceinte et là, je vois que super doc est ravi. Il en a même les larmes aux yeux !
Je n'ai jamais vu un médecin aussi exceptionnel.

Nous passons vite à l'échographie pour voir bébé.
Je ne vois rien…
Je commence à paniquer mais mon super doc le voit, il me montre un minuscule petit points blanc. C'est

mon bébé. Il est bien là et bien placé.
Je suis rassurée mais je ne peux m'empêcher de craindre le pire.

*

Quelques semaines plus tard, nous entendons son cœur pour la première fois. C'est un moment magique, un instant que je n'oublierai jamais.

*

Je suis à 4 mois de grossesse soit un peu plus de 17 semaines. Je n'ai pas vu le temps passer. Durant ces 4 mois, j'ai malheureusement eu beaucoup de mal à m'attacher à mon bébé. Je ne réalise pas que dans quelques mois je vais être maman. Je pense qu'inconsciemment, je me protège d'une éventuelle fausse couche.

*

5 mois, maintenant je réalise. Je vais être maman et mon super doc m'annonce qu'il s'agit d'une fille.
Je suis très heureuse, j'ai toujours voulu une petite fille. Elle portera le prénom de mon arrière-grand-mère. Johan est aux anges et aux petits soins ! Massages, papouilles, câlins, il me bichonne.
Un amour.

*

Il nous reste encore 19 semaines à tenir avant de voir son magnifique visage. Monsieur Safwan sera mon pilier tout au long de ma grossesse. Je me surprends parfois à me dire que sans lui je n'y arriverai pas. Jusque-là, j'ai eu une très belle grossesse, pas de nausée ou de vomissement, pas de changement d'humeur, je me sens plutôt bien. Je sais que je peux compter sur mon super doc.
Comme il me le dit à chaque fois, si j'ai besoin de quoi que ce soit je n'hésite pas à prendre rendez-vous !

*

Aujourd'hui c'est l'écho 3D, ma maman m'accompagne et nous allons voir la petite bouille d'« A ». Encore un moment magique et juste avant les fêtes de fin d'années !
Je tiens le choc malgré une grosse fatigue que mon charmant docteur remarque très vite. Je le rassure.
Je ne fais aucun écart de conduite et je suis vigilante sur tout : mon alimentation, ma tension et ma fatigue. Malgré cela, je sens que mon super doc est contrarié, pas à cause de moi mais par autre chose. Je garde ça pour moi et me concentre sur le visage et la santé de mon bébé.

Après avoir fini l'échographie c'est avec des embrassades que finira mon rendez-vous.
Alors que je pars avec ma maman, j'entends mon super doc :

« Madame T ?
- Oui ?
- Bonnes fêtes de fin d'années.
- Merci, bonnes fêtes à vous aussi docteur. »

Il me sourit, mais je sens que quelque chose ne va pas. Je pars heureuse pour mon bébé mais inquiète pour mon super doc.

La catastrophe

Nous sommes le Vendredi 29 décembre 2017, je suis à 30 semaines soit presque 7 mois de grossesse.
Il est dix-sept heures. En rentrant à la maison, je vais à la boite aux lettres. Il y a un courrier de l'hôpital sur lequel est noté « urgent ».
Etrange…
Inquiète, je m'empresse d'ouvrir la lettre et je commence à la lire.
C'est un courrier type m'informant qu'à compter du 1ᵉʳ janvier 2018, M. Safwan n'exercera plus à l'hôpital et me recommande de prendre mes nouveaux rendez-vous avec un de ses confrères.
Je suis choquée, déboussolée. C'est impossible !

Monsieur Sourire s'en vat…

Des larmes coulent sur mes joues, je ne peux pas croire qu'il me laisse maintenant.
Je ne veux pas accoucher sans mon extraordinaire gynécologue, chirurgien, psychologue et surtout sans l'homme qui a changé ma vie !

Johan est également affecté par son départ. Il essaie de me consoler mais il n'y a rien à faire. Je suis complétement paniquée.

Après quelques instants, je reprends mes esprits. Je tente d'appeler le secrétariat mais en vain. Nous sommes vendredi soir et c'est fermé jusque mardi.
Il va me falloir beaucoup de patience.

Le lendemain, je me sens un peu mieux. Je vais chez ma maman et je lui parle de la lettre. Nous décidons d'aller directement à l'hôpital mardi matin pour le voir et pour modifier mes deux rendez-vous de Janvier.

Trois jours plus tard, je suis prête !
Nous arrivons à l'hôpital et attendons notre tour pour pouvoir demander des réponses à la secrétaire. Pendant notre attente, nous apercevons Monsieur sourire sortir de son bureau. Il est là. Alléluia !
Il nous voit, s'approche de nous et me demande si tout va bien. Il a l'air inquiet.
Je lui tends le courrier reçu et lui dit :

« Non ça ne va pas, c'est quoi ce courrier que vous m'avez envoyé ? »

Les larmes me montent aux yeux et, à ma surprise, pour lui aussi.

« Je pars exercer autre part, je suis désolé. »

Prise de panique je lui réponds fermement :
« Où ? Moi je m'en fous, je vous suis. Je pars avec

vous ! »

Il ne me dira rien des raisons de son départ mais il pourra tout de même assurer mes deux rendez-vous de janvier.
Je le reverrai donc dans quelques jours pour une échographie 3D.

*

Nous sommes le 10 janvier 2018, c'est l'heure de l'échographie. Plus que trois rendez-vous après celui-ci et je serai arrivée à la fin de ma grossesse.

Durant l'échographie, nous voyons mon petit miracle qui remue et suce son pouce. Mon super docteur me dit que c'est un beau bébé, qu'elle à un joli petit nez et que tout va très bien mais il me met en garde.
« A » est en place pour sortir. Il faudra que je sois vigilante et que je me repose au maximum.

*

Cinq jours plus tard, c'est l'examen gynécologique afin de voir si tout va bien. Pendant l'auscultation, mon cher docteur s'aperçoit que mon col est ouvert d'un doigt. Ce n'est pas alarmant mais il souhaite tout de même que je fasse un monitoring pour voir si j'ai

des contractions et à quelle fréquence elles apparaissent.
Jusqu'à maintenant je n'en ai jamais ressenti mais étant donné mon parcours médical, il est probable que je ne les sente pas.
Il me dit alors :

« Je pense que la petite sera là avant le 1er février »

Je suis préparée depuis longtemps au risque d'avoir un bébé prématuré. Je suis à un peu plus de 7 mois de grossesse donc le pire est passé.

Je me rhabille. Nous sortons du cabinet et nous descendons d'un étage pour le monitoring. Un sage-femme m'installe dans une pièce et me pose des capteurs sur le ventre. C'est parti pour une demi-heure.
Après quelques minutes, je commence à ne pas me sentir bien. J'ai la nausée, je suis stressé, la pression monte. Je parviens à me calmer en écoutant les battements de cœur de ma fille.

*

A la fin du monitoring, le sage-femme m'annonce que j'ai eu 3 petites contractions que je n'ai pas senti et me propose une hospitalisation.
Là, je suis prise de panique. Je me mets à pleurer, je n'arrive pas à me contrôler. Un vrai bébé.
Il décide donc d'appeler monsieur Safwan et me le

passe. Comme d'habitude, mon super doc trouve les mots pour me rassurer. Il sait que je suis mal lorsque je suis dans un hôpital. Il me propose alors une sorte d'hospitalisation à domicile car je fais de l'hypertension et un grand stress peut être dangereux pendant la grossesse.

Ouf !

Je devrais rester alitée, mais chez moi et une sage-femme viendra m'ausculter régulièrement. Par-contre me prévient-il, au moindre petit signe, je devrais immédiatement venir et là ce sera une hospitalisation.

Quel adorable médecin.

Je rentre donc chez moi, soulagée. Mon programme est de rester dans mon lit jusqu'au jour J.

Un jour.

Deux jours.

Troisième jour, la sage-femme est là. Elle m'ausculte et me fait un monitoring. Tout va bien. Le col est toujours ouvert à un doigt mais aucun signe d'accouchement.

*

19 Janvier 2018.
Il est 6h, je me lève car j'ai faim. Depuis quelques semaines déjà, « A » a l'habitude de jouer avec ma vessie, à un point tel que je me suis souvent demandée si je n'allais pas me faire dessus.
Ce matin, même chose, elle appuie fortement sur ma vessie et là…
Je me fais dessus !
Johan dort encore et heureusement car bonjour la honte ! Je fonce aux toilettes, je me nettoie et je prépare mon petit déjeuner.
Mais ça recommence, sauf que cette fois, ce ne sont pas que quelques gouttes, ça coule en continue. Je comprends alors. Je ne me pas fais pipi dessus, je perds les eaux.

Je réveille Johan, je prends une petite douche et nous partons pour la maternité.
Bien sûr c'est trop tôt et « A » sera donc un bébé prématuré six semaines avant terme.

*

Une fois arrivés à la maternité, les premiers examens sont faits. Il s'agit bien d'une rupture franche de la poche des eaux.
Monsieur Safwan est présent, il est déçu que j'accouche si tôt mais je le savais, il m'avait préparé à tout

ça. Je n'ai pas peur car ça a toujours été très clair.
Deux heures plus tard, je suis transférée vers un autre hôpital où il y a un service néonatal pour mon bébé.

*

Quatre jours plus tard, ma fille est née. Malgré sa prématurité, elle aura évité la couveuse de justesse. Nous ne rentrerons chez nous qu'une semaine plus tard.
Mon bébé miracle est tout simplement parfait et en bonne santé.

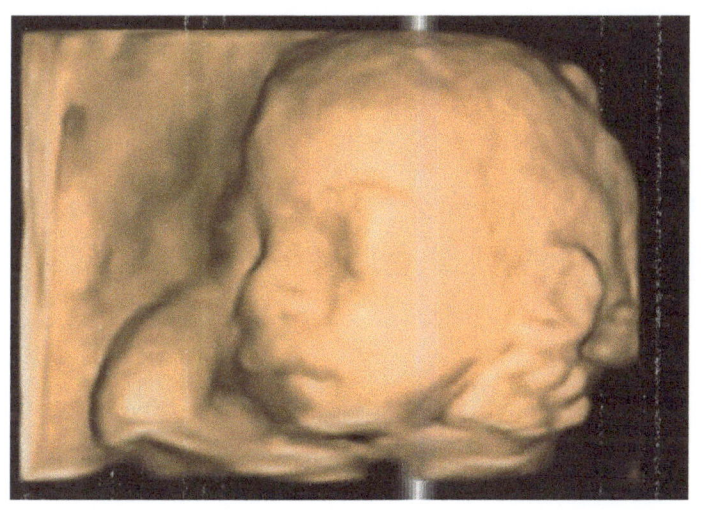

Echographie 3D du 25 Octobre 2017

Je m'appelle Julie Quint Theuriet, j'ai 25 ans, deux utérus, de l'endométriose et je suis maman !

Fin

Dédicaces

Je dédie ce livre à toutes ces femmes, qui comme moi, souffrent d'endométriose et/ou de malformations utérines.

A mes tendres neveux, Tyméo et Ethan, qui m'ont donné la force et le courage dont j'avais besoin face à cette épreuve et qui font de moi, chaque jour, une « tata merveille » comblée.

Enfin, je tiens tout particulièrement à dédier ce livre à ma tendre grand-mère, Micheline. Celle qui, de « là-haut », m'a offert le plus beau des cadeaux…

Remerciements

Je tiens à remercier ma famille pour son soutien et sa présence et tout particulièrement ma maman pour avoir été là à chaque instant.
Je remercie également mon mari, Johan, pour être resté près de moi. Pour avoir été patient et aimant du début à la fin.

Enfin, je remercie le personnel soignant et surtout mon super doc pour m'avoir écoutée, conseillée, soignée et sans qui il n'y aurait jamais eu de bébé.

Alors merci à vous Monsieur Safwan. Merci pour tout le bonheur que vous m'avez apporté. Je ne l'oublierai jamais.

A toi,

Alice…
Mon petit miracle !

A toi qui me lira certainement un jour.
Toi qui m'a donnée la force d'écrire mon histoire.
Nôtre histoire.
Tu es à mes yeux ma plus grande fierté, ma plus belle victoire et surtout ma plus belle histoire d'amour !

Je t'aime.

                                                                 Ta maman